AF322162

PORTRAIT GRAPHOLOGIQUE

DE

M. LE BARON DU POTET DE SENNEVOY

Connaissant M. le baron du Potet pour avoir suivi un de ses cours, je n'ai pas à en faire le portrait physique, puisque je le connais sous cet aspect; mais en revanche je lui dirai ses influences planétaires, et en déduisant de ces dernières, tout aussi bien que de son écriture; car les deux sciences ne font qu'une pour moi, et celle que je tiens me donne toujours l'autre.

Procédons par ordre et que l'homme ne bouge plus !

Ce dernier est né sous les influences combinées de Jupiter, Saturne, Mars et Mercure; le soleil vient en second, colorant le paysage, puis Vénus, qui adoucit les contours, et la lune, qui se perd dans l'ampleur des autres.

Jupiter lui donne l'ambition, l'entrain et le succès; l'*ambition*, qui, chez lui, s'est tournée du côté de la science magnétique, le poussant à en gravir la rude montée, quand tant d'autres restaient au pied de cette dernière, et que les forts voulaient empêcher d'y arriver; l'*entrain*, qui le pousse au mouvement, et le *succès*, qui le fait arriver. Saturne lui donne l'assiduité à l'œuvre et la persévérance dans cette dernière, l'instinct des choses occultes et la domination de soi, qui fait l'homme fort ; l'*assiduité* et la *persévérance* dans l'œuvre, pour mener la science à bonne fin ; l'*instinct des choses occultes*, qui est la véritable force en magnétisme ; la *domination de soi*, qui rend fort contre les misères et les vicissitudes d'une vie comme la sienne. Mars lui donne le courage et la lutte ; le *courage*, pour soutenir la lutte ; la *lutte*, pour vaincre les obstacles : sans les deux, que fût-il devenu ? Mercure lui donne la science, mais la *science* seulement, car le savoir-faire a dû toujours manquer à M. du Potet, qui, selon moi, n'est ni diplomate, ni habile dans le sens propre du mot. Le Soleil lui donne l'intelligence et les vues grandes, sans lesquelles on ne peut rien ; Vénus lui donne la bonté et le charme qui attire : M. le baron du Potet est sympathique, et la sympathie qu'il soulève chez les autres a été une partie de sa force magnétique. La lune, nous l'avons dit, n'est que secondaire en son influence, et sa puissance se perd dans celle des autres planètes.

Les trois influences qui priment ici comme type physique sont Jupiter, Mars et Saturne, qui font l'homme grand et riche de taille : M. du Potet a dû être, et sous tous les aspects, un très-bel homme.

M. le baron me le pardonnera, mais il a dû aimer *un peu*, BEAUCOUP, PASSIONNÉMENT, **pas du tout**, selon l'heure et le caprice ; M. le baron a dû être aimé *un peu*, BEAUCOUP, PASSIONNÉMENT, **pas du tout**, suivant l'effet qu'il produisait et la puissance qu'il prenait sur celles qu'il regardait.....

M. le baron du Potet a une puissance magnétique comme on n'en rencontre pas, et
cette puissance, *pour être*, s'appuie sur les
éléments suivants : une force de volonté te-
nace et sans concession quand elle a dit : « JE
VEUX ! » une indifférence complète aux effets
qu'il cause *en tant que sujet*, mais non comme
science ; là sympathie qu'il fait naître et
dont j'ai parlé il n'y a qu'un instant, et enfin un besoin de savoir et d'arriver qui le
pousse malgré lui : notre grand magnétiseur
attire et repousse tout à la fois ; voilà sa force
et sa puissance extrêmes.

Il attire par sa bonté, son affabilité, son
amour de l'humanité, trois grands traits de
son caractère ; il repousse par l'effroi qu'il
cause et la crainte qu'il inspire, sentiments
qui se réveillent à l'approche de sa volonté ;
et c'est le double mouvement, équilibrant
sans cesse en lui les deux électricités, qui le
font roi du magnétisme et lui donnent em-
pire sur tous ceux qui l'approchent !

Deux puissances donnent donc au maître
sa force d'action : une volonté sans bornes,
principe positif ; une bonté sans fond, principe négatif ; toutes deux se mélangeant pour
s'alterner et s'alternant pour se mélanger.

M. du Potet, le premier magnétiseur du
monde, celui qui domine les autres, celui
qui a forcé le corps médical à s'incliner de-
vant sa science et sa force d'action, se laisse
mener comme un enfant par ceux qu'il aime ;
et il a, dans ce genre, des naïvetés qui ne
sont d'aucuns. Me trompé-je ?

Une des forces qui lui a aidé à arriver est
sa suite dans les idées ; une des faiblesses

qui l'ont arrêté en route est son trop de franchise, son besoin de vérité absolue ; il peut s'arrêter en route, si le mouvement l'exige ; ne pas dire le mot qui lui vient aux lèvres, s'il le sent de trop ; mais parler contre sa conscience, impossible à l'homme ! et ce dernier se pendrait plutôt lui-même que de tronquer un texte ou de propager une erreur.

Notre grand érudit en science magnétique est *nerveux, sensible, impressionnable* comme une femme, tout en se maîtrisant comme pas un homme. Il a plus d'analyse que de synthèse dans l'esprit, ce dernier penchant cependant vers la première ; il est généreux par tempérament et retenu dans le mouvement par raison ou obligation ; il a le mot du commandement et celui qui fait empreinte. Il sait mieux dire : « Je veux ! » que « *Je ne veux pas !* »

Le mouvement de son cerveau est irrégulier, je ne dirai pas de *puissance*, mais *d'émission*, et au milieu de sa *persistance d'esprit*, de sa *ténacité d'idées*, il est parfois changeant et mobile en ces dernières. Ce trait de caractère était nécessité chez l'homme pour le conduire en sa mission, toute de progrès ; car sans lui, sans cette mobilité d'esprit, qui sans cesse renouvelle le centre de la pensée, le progrès ne peut être, et notre grand initiateur fût resté à mi-chemin de sa tâche, si la faculté ne se fût trouvée en lui. Ceci est obligation de type et de personnalité, mais le trait était curieux à noter comme antithèse au précédent.

Revenons à notre modèle.

Ce dernier est obligeant et serviable à l'excès, peut-être même trop, et la faculté a pu être défaut chez lui ; plein de bienveillance et de mansuétude pour autrui, vif de sa nature et par tendance un peu dominateur, tenant à faire prévaloir son opinion et à propager ses idées. Ceci est encore obligation de personnalité.

L'égoïsme et la personnalité sont comme effacés en lui.

Le travail est facile à M. du Potet, et la locomotion nécessaire pour se retremper et rester toujours à niveau : rassembler pour projeter, ramasser pour produire ; voilà quel a été son double mouvement.

M. le baron a dû aimer le plaisir et en prendre sa bonne part ; il a dû se plaire à dire un bon mot, à lancer une épigramme, à faire un bon dîner et une causerie à deux ; mais il a dû aussi avoir ses besoins d'isolement et même d'ascétisme, pour y puiser, l'heure de distraction prise, une force d'action plus grande et l'énergie nécessaire pour mener à bien l'œuvre entreprise et poursuivie sans relâche. Il a espéré toute sa vie, et toute sa vie l'espérance a été sa force ; il a défailli souvent, mais n'a jamais douté, et la défaillance l'a retrempé comme l'espérance le portait.

Il rit avec celui qui s'amuse, et pas de meilleur compagnon que sa joie ; il pleure avec celui qui souffre, et pas de meilleur consolateur que sa compassion. Il est honnête *jusqu'au fond de l'âme*, et a besoin de l'estime des autres pour se sentir à l'aise dans la sienne propre ; ce qui l'a bien un peu empêché d'enjamber certaines difficultés, tout en lui en créant pas mal d'autres ; le tout, mouvement pour arriver.

Il est susceptible parfois, trop prompt en d'autres circonstances ; violent et colère , mais sans durée ; sachant se contenter de peu et s'imposer une privation à propos ; il est double, il est triple de sa nature, ce qui en fait la puissance que vous savez et l'homme que vous connaissez.

Sa main, *que je n'ai vue que de loin,* rentre dans le type que j'appelle *long et étroit* : je n'aurais pas de mérite à la décrire, puisque je la connais ; mais il a deux formes de pouces : l'un est grand, l'autre petit, *très-court* même, et c'est à cette divergence de types que j'attribue et ses anomalies de caractère et sa double force d'action. Tout est richesse dans les mains du Créateur.

Au total, et pour en finir, M. le baron du Potet *est un principe ;* en lui s'est incarnée l'œuvre magnétique.

Comme d'autres représentent une idée, lui représente une force ; et cette force est la première de toutes les forces : son nom à lui sera donc sans fin comme elle, et immortel par son fait ; car plus la science avancera, plus le dernier sera grand et l'homme avec lui : nous revivons dans nos œuvres, et celle du maître est une de celles qui ne périssent jamais : à lui donc mon humble hommage et le respect que je professe pour son grand caractère.

Signé : LOUIS MOND.

Lyon, 10 juillet 1876.

*Observations et appréciations sur le portrait
précédent.*

Mon cher monsieur Peladan (1),

Je suis bien sensible à l'heureuse pensée
que vous avez eue de demander mon portrait
graphologique à Louis Mond. Je remercie
vivement ce dernier, et suis heureux de cons-
tater moi-même un talent et un mérite qui

---

(1) M. A. Peladan fils, médecin homœopathe à
Nîmes (Gard), ayant envoyé une lettre de M. le baron du Potet à Louis Mond, le graphologue s'em-
pressa de faire le portrait du doyen des magnéti-
seurs. Nous publions ce curieux document sans
qu'il ait eu à subir le moindre changement depuis
qu'il est sorti des mains de l'auteur. Pour connaître
M. le baron du Potet au point de vue scientifique,
lisez : *Etude bio-bibliographique sur les publica-
tions de M. le baron du Potet,* par Adrien Peladan
fils, 1876. Cet opuscule in-8º de 12 pages sera envoyé *franco* et *gratis* à toute personne qui, par lettre affranchie, en fera la demande à M. Louis Auf-
finger fils, secrétaire de M. le baron du Potet, rue
du Four-Saint-Germain, 15, à Paris.

Avis. — Le portrait graphologique de M. le baron
du Potet sera envoyé *franco* à quiconque en fera la
demande, par lettre affranchie, en envoyant un
timbre-poste de 25 centimes à Louis Mond, rue
Terme, 14, à Lyon (Rhône). L'auteur, désireux
d'être agréable au public et d'étendre sa science
autant que possible, fera les portraits graphologi-
ques qu'on lui demandera. Prix : 10 fr. ; deux sous
la même enveloppe, 15 fr. ; trois, 20 fr. Envoyer
des timbres-postes ou un mandat à l'adresse indi-
quée.

m'étaient déjà connus. J'avoue que je suis surpris de la réalité et de la justesse de sa science, justesse et réalité qui se trouvent confirmées par les études chirognomoniques et autres faites sur moi jusqu'à ce jour. Voici donc mes appréciations à ce sujet :

Portrait flatteur et dans lequel il y a un jeu singulier de choses mystérieuses, qui y sont dévoilées quoique bien cachées. La science d'observation ne suffirait point pour obtenir un résultat semblable. Il y a nécessairement *vision*, *somnambulisme*, *intuition*, enfin un ensemble de facultés morales et intellectuelles qui est comme la raison d'être de mon portrait, dont la grande vérité frappe d'étonnement celui qui me connaît et qui le lit.

Je vous félicite de votre énergie à soutenir les sciences occultes, en les débarrassant de la superstition et en leur appliquant la rigueur des méthodes modernes. Plus tard, on vous en saura gré. Vous verrez le triomphe du magnétisme !

Bien à vous.

Signé : Baron du Potet.

Paris, 25 juillet 1876.

Nimes, imprimerie Clavel-Ballivet, rue Pradier, 12.